AF391222

PHILO CROISÉE

BERNARD SÉKA

PHILO CROISÉE

*Comment la recherche par le jeu vous installe
en plein coeur dans la philosophie*

ISBN : 978-238499-012-2
© **GNK Éditions, 2022**

À **Ouattara Marc,**
Mon Professeur de philosophie en Terminale.
Mon cher Maître.

REMERCIEMENTS

La réalisation d'un livre, quel qu'il soit, ne se fait ni d'un trait, ni vraiment tout seul.

C'est pour cela que je tiens ici à remercier ces personnes honnêtes et charitables qui ont contribué à la matérialisation et à la publication du présent livre, notre livre.

Je dois commencer par remercier ma formidable épouse, Thérèse, mon soutien de tous les instants. Que ce soit pour lire les premières ébauches, pour me donner des conseils sur l'orientation générale à la fois du livre et de la démarche à suivre pour que je puisse éditer, elle était aussi importante que moi pour que ce livre soit terminé. Merci beaucoup ma très chère.

Merci à tous les membres de l'équipe GNK qui m'ont tant aidé. Un merci spécial *à* Yves Arsène Kouakou, le toujours compréhensif et patient DG de GNK, la maison d'édition du présent livre.

Au-delà des difficultés pratiques, écrire un livre est plus gratifiant que je n'aurais jamais pu l'imaginer.

Rien de tout cela n'aurait v*éritable*ment *été possible sans ma fille aînée*, Corinne et son *époux*, TANOE Hermann. Ils ont été au cœur de l'édition de ce livre. Qu'ils en soient sincèrement remerciés.

Je suis tout aussi reconnaissant *à chacun de mes enfants*, Ève, Deborah et Junior SEKA, qui m'ont soutenu par leurs paroles de motivations et leurs prières.

Je ne sais vraiment pas *où e*n serait la publication de ce livre, si chacun de mes formidables enfants n'avait été là, pour alimenter la motivation dont j'avais sincèrement besoin pour commencer et finaliser ce travail.

Une marque très spéciale de gratitude *à* BAMBA Mamadou, IGEN[1] qui, en acceptant de préfacer cet ouvrage, lui a apporté une caution majeure. Merci de m'avoir autant soutenu.

Je tiens aussi tout particulièrement à adresser mes remerciements complets *à* FOUA Ernest de Saint Sauveur[2], un écrivain en qui j'ai

---

[1]Inspecteur Général de l'Education Nationale (Côte d'Ivoire)
[2]Ecrivain Ivoirien, Ex-président de l'Association des Ecrivains de Côte d'Ivoire.

confiance et que je respecte. Il partage le don de son temps pour aider d'autres personnes *à grandir.*

Merci de m'avoir donné l'opportunité de collaborer avec votre éditeur.

Tellement reconnaissant de vous avoir comme conseiller littéraire.

Merci *à TOUS CEUX qui*, par quelque contribution que ce soit, m'ont ainsi permis de partir de mon idée et la transformer en livre.

Je vous suis vraiment reconnaissant.

« L'éducation la plus efficace est celle au cours de laquelle l'enfant peut jouer au milieu de belles choses. Fais en sorte que les enfants s'instruisent en jouant : tu pourras par-là mieux discerner les dispositions naturelles de chacun. » - Platon, (428-348 av. J. -C.)

«Le jeu sert les fonctions de l'éducation.» – Peter Gray

NOTE DE L'AUTEUR

Le présent ouvrage s'inscrit dans la logique de l'orientation intellectuelle et philosophique que je propose et que je souhaite voir grandir en vous : la « lexicosophie ».

Il est question, dans la lexicosophie en général, d'aborder les domaines d'études ou d'activités les plus divers, par leur vocabulaire. Ce qui revient à dire, s'instruire en faisant attention à la sagesse cachée des éléments de la terminologie, du champ épistémologique concerné.

Car, une chose est sûre, c'est que, dans les termes de vocabulaire, dans les verbes, ou, dans toute autre composante d'un type de discours donné, il y a un résumé de connaissance, un condensé d'informations, qui en constitue l'essentiel, la sagesse toujours présente, qui donne la dynamique, l'esprit et l'orientation mentale du mot.

L'exemple de «préjugé» est assez parlant, qui traduit le fait d'une opinion, d'un avis que l'on donne sans discernement, sans recul, sur une situation, un fait, une personne, *avant* **même d'en avoir toutes les informations nécessaires.**

Certains parleraient d'étymologie, dans cette approche du mot. Mais, dans l'exemple précédent, comme dans d'autres encore, il ne s'agit pas d'une simple origine matérielle ou temporelle du mot, du substantif, du verbe, de l'interjection, etc.

Il s'agit bien plus, d'autres choses car, si «préjugé» a fini par prendre une dimension surtout péjorative, voire négative, il traduit plutôt un état d'esprit (l'empressement, le parti pris, l'aveuglément même) ; ce que nous appelons la sagesse cachée du mot, et qui en indique l'orientation mentale de base, qui se fortifie au fil de l'usage.

« **Philo croisée** » reste fidèle à cette approche des composantes terminologiques de la philosophie mais aussi, de la psychanalyse, de la psychologie, et parfois, de la sociologie, ou de bien d'autres disciplines encore, cela, relativement aux programmes officiels de philosophie, enseignés dans les structures éducatives.

Mais, ici, une précision de taille pourrait nous intéresser et vous guider utilement dans vos travaux de recherche, à travers « Philo croisée ». C'est que, l'enseignement philosophique dans nos classes, a pour base essentielle, une liste de notions, qui touchent aux réalités et aux domaines les plus divers de l'expérience humaine.

Par exemple, la conscience, autrui, la société, le temps, la mort, l'**État**, le pouvoir, le travail, la religion.

Corrélativement à cette liste, il y a des questions au choix qui se rapportent principalement, à l'histoire de la philosophie, selon les **époques et selon les grands courants et donc, selon les auteurs philosophes, jugés déterminants pour le cours de la pensée.**

Ces questions concernent tout aussi bien, d'autres aspects ou sphères de la connaissance, des plus variés, telle la littérature générale, la religion, les grands thèmes de l'actualité éducative, économique…

C'est donc une présentation et une étude synoptiques des grandes questions, des auteurs, des problématiques essentielles des thèmes de la philosophie, ou de chacune de ces questions, telles que la philosophie les aborde.

« Philo croisée » puise dans cet univers de connaissance et s'efforce de présenter une large synthèse de toutes ces données citées précédemment.

Vous allez donc avoir affaire à des grilles, qui vous proposeront des exercices suscitant à la fois, vos connaissances, en matière d'histoire de la philosophie, vos acquis de connaissances concernant les grands thèmes abordés par la philosophie, etc.

L'objectif de ces exercices étant de contribuer à renforcer vos connaissances en philosophie, à vous les rappeler même, selon un procédé simple, fondé sur le principe de la recherche par le jeu ; ou encore, à contribuer à vous faire apprendre, ce qu'il est utile de savoir, pour vos examens de fin d'année, ou pour votre propre culture philosophique.

« Philo croisée » est donc, de tous ces points de vue, un puissant instrument de réflexion et de travail en philosophie, pour tous ceux que cette discipline concerne ou intéresse, en même temps qu'il est un outil de référence, aux plans didactique et pédagogique ; car, en réalité, on n'apprend mieux que dans une gaieté d'humeur, en ayant même l'impression du « non-sérieux » de ce à quoi l'on s'exerce pourtant intensément et avec la plus grande rigueur.

Mais, « Philo croisée » ne peut prétendre rester fidèle à une progression classique quelconque. Car, au vrai, on ne peut fixer une progression standard, valable partout et pour tous, ni même y faire allusion, de façon rigoureuse. Cela respecte d'ailleurs le caractère tout particulier de la réflexion philosophique, qui se déroule et évolue plutôt, sur la base de problématiques, c'est-à-dire, d'interrogations, critiques et rigoureuses, regroupant des préoccupations, des thèmes, et traduisant des problèmes à examiner.

C'est pourquoi, « Philo croisée » se présente comme la « mémo-problématisation » qui indique ou suggère les chemins de l'apprentissage, les astuces pour intégrer les données philosophiques, y compris les plus ardues et les plus complexes.

Et, c'est l'instrument, qui renouvelle à chaque fois, aussi bien votre pratique, vos connaissances, que votre intérêt pour ce type de discours plusieurs fois millénaire, mais toujours là, qu'il convient de « croiser », au moins une fois en sa vie, sinon, pratiquer toujours.

AVANT-PROPOS

Croisez la philosophie et retrouvez-la.

Avec ce livre et par lui, vous le pouvez.

Élèves, Étudiants, travailleurs, vous tous qui avez le désir ou qui êtes dans le besoin d'exercer votre capacité à la réflexion philosophique, rejoignez le plus sérieux de la philosophie, à travers ce jeu. Jouez et instruisez-vous.

Enrichissez, exercez vos acquis, vos connaissances philosophiques, en jouant ; en croisant des mots, des expressions, des noms mêmes, du vaste domaine de la philosophie.

C'est l'approche originale qui vous est ici proposée : apprendre dans la bonne humeur, pour mieux assimiler et intégrer les données et la terminologie technique du discours et de la réflexion philosophiques.

Vous avez entre les mains, un ouvrage précieux, rédigé avec une extrême minutie et une très grande patience.

Utilisez-le dans le même esprit. Exercez-vous au quotidien. Permettez à votre perspicacité de s'aiguiser et de s'aguerrir chaque jour davantage, et aidez-vous ainsi à aborder vos examens avec plus de possibilités et de facilités ; ou, donnez-vous les moyens de cultiver et d'entretenir vos acquis.

La philosophie est à la fois, un prétexte à l'exercice alerte des possibilités intellectuelles de l'esprit et l'intellection claire et adéquate du réel tel qu'il est.

Engagez-vous résolument dans la voie nouvelle et efficace que nous vous proposons, pour tenter de parvenir à ce philosopher éternel ; et, rappelez-vous à chaque instant, que vous êtes sur l'un des chemins privilégiés de l'exercice de la philosophie ; un chemin jamais encore indiqué, mais toujours emprunté.

Allez au-delà de vous-même. Laissez-vous guider par votre vivacité intérieure et vivez activement l'esprit de ce texte qui est un aspect de la «lexicosophie» conçue patiemment pour vos besoins didactiques et pédagogiques réels.

Jouez et jouez-vous des difficultés réelles ou virtuelles que recèle l'exercice de la philosophie, ou que vous redoutiez de rencontrer.

À vous de jouer.

PRÉFACE

Pour le commun des mortels, la philosophie apparaît de prime abord, comme une discipline rébarbative, pas facile d'accès. Ceci se manifeste d'ailleurs dans le cursus scolaire, par le fait qu'on doit attendre la fin de l'enseignement secondaire (classes de Première et de Terminale), avant de s'initier à la réflexion philosophique. Ne dit-on pas souvent que, la philosophie exige une maturité d'esprit ?

De ce constat, il ressort le fait que la philosophie est loin d'être un jeu et, elle nécessite pour son apprentissage, la réflexion, des efforts intellectuels.

L'originalité de l'ouvrage de Bernard SEKA, c'est qu'il rompt avec cette conception commune et invite à apprendre la philosophie à partir de jeux et précisément, du jeu des mots croisés.

Aussi paradoxal que cela puisse paraître, la philosophie elle-même, à la base, n'est-elle pas un jeu ; un jeu de mots et de significations ?

Le grand mérite de l'auteur de cet ouvrage, c'est de présenter une conception ludique de la philosophie, sans pour autant tomber dans la banalité, la platitude ou l'extravagance.

L'expérimentation de cette méthode a permis de se rendre compte qu'on peut enseigner et assimiler des contenus philosophiques ardus, à partir du jeu des mots croisés.

On peut affirmer que pour l'humanité, au commencement était le jeu. Donc il n'est pas superflu de dire que, le jeu est le moteur de la marche des hommes dans le temps.

Cet ouvrage est destiné aussi bien aux élèves, aux étudiants qu'aux travailleurs qui désirent découvrir ou approfondir la réflexion philosophique par le jeu, en l'occurrence, le jeu des mots croisés.

Nous sommes invités à apprendre dans la bonne humeur et de façon ludique, pour assimiler des notions et contenus philosophiques les plus apparemment ardus.

Nous souhaitons plein succès à l'ouvrage de Bernard SEKA dans l'entreprise de démystification et de démythification de la philosophie.

L'auteur reste ouvert aux critiques et suggestions qu'on voudrait lui faire, en vue de l'amélioration du présent ouvrage et des productions à venir.

BAMBA Mamadou
Inspecteur Général de l'Éducation Nationale.

GRILLES

REPARTITION DES GRILLES RELATIVEMENT AUX NOTIONS DU PROGRAMME OFFICIEL

LE SUJET
- Conscience
- Inconscient
- Perception
- Existence
- Temps

Grilles : 1-2-3-8-9-11-12-13-15-17-18-20-22-24-25-26-27-28-29-30

LA CULTURE
- L'art
- Le travail et la technique
- La religion

Grilles : 1-5-6-7-8-10-16-17-19-20-22-23-25-27

LA RAISON ET LE REEL
- Vérité
- Langage
- Science
- Le Vivant

Grilles : 4-5-8-9-11-24-25-27-30

LA POLITIQUE
- Société
- Justice
- Droit
- Etat

Grilles : 1-2-4-5-6-7-9-10-11-12-17-18-19-20-22-23-24-29-30

LA PHILOSOPHIE
Grilles : 3-4-5-6-7-8-9-10-13-14-15-16-18-19-20-21-24-27-28-29-30

LA MORALE
Grilles : 4-6-7-11-15-19-22-23-24-26-29-30

GRILLE 1

› Horizontalement

1. Ensemble des fonctions psychiques plus ou moins élaborées, ayant pour objet, la connaissance conceptuelle et discursive.

2. Début dualisme.

3. Réponse qu'une divinité donne à ceux qui la consultent en certains lieux sacrés.

4. Selon Descartes, pour connaître, il faut renoncer à leur usage parce qu'ils nous trompent souvent.

5. Pronom personnel et nominal, pour designer l'autre, à la deuxième personne du singulier. – Conjonction exprimant généralement une alternative.

7. Réaction émotionnelle par laquelle une personne se libère d'un refoulement affectif ancien, de façon souvent inopportune.

10. Division du temps, généralement de longue durée, selon les événements humains déterminants, choisis comme point de départ d'une chronologie particulière. – Le principe pensant en général, immatériel et indivisible opposé à l'objet pensé, à la matière divisible.

› Verticalement

I. Personne non-propriétaire qui appartient à la classe la plus pauvre du groupe social et qui ne possède, pour vivre, que les revenus dérisoires de son travail.

III. Non-être qui précède l'être ou n'est plus. – Suite de phénomènes psychiques qui apparaissent chez l'individu durant le sommeil, sous forme de représentations diverses (images, sons, couleurs, …).

IV. Entreprend avec audace, une chose réputée difficile, incertaine.

V. Disposition juridique prise par le pouvoir et appuyée par l'autorité publique, comme s'imposant à chaque citoyen. – Fait accompli de façon effective, sous l'action ou la volonté, par opposition à puissance.

VI. Division du temps, généralement de longue durée, selon les événements humains déterminants, choisis comme point de départ d'une chronologie particulière.

VII. Présentatif d'hypothèse, ayant aussi valeur de concession.

VIII. Être jugé suprême et présenté comme le principe explicatif de l'existence de l'univers.

IX. OINT, dans le désordre.

X. Inclination puissante et durable, faite d'états affectifs et intellectuels, qui domine la vie de l'esprit de l'individu qui la subit.

GRILLE 1

	I	II	III	IV	V	VI	VII	VIII	IX	X
1								■	■	
2		■		■	■		■			
3							■		■	
4		■		■		■				
5		■				■		■		
6		■	■		■	■		■		
7										
8		■		■		■	■	■		■
9		■		■		■	■	■		■
10				■						

GRILLE 2

> **Horizontalement**

1. Acte de violence politique, sous forme de lutte armée entre groupes sociaux, et spécialement, entre Etats. – Espace de temps compris entre la naissance et la mort des êtres organisés, où ils remplissent des fonctions selon leurs règnes et leurs espèces.
2. Préposition pour désigner «à l'intérieur de».
3. Caractère de ce qui demeure identique à soi.
4. Fait accompli de façon effective, sous l'action ou la volonté, par opposition à puissance.
5. Principe qui anime et donne la vie et qui, chez l'homme, est spirituel et fonde la pensée. – Toi, dans le désordre.
6. Nouvel Esprit Scientifique.
7. Étymologie Grecque de technique.
8. Qui a peu d'intelligence et peu de jugement. – Groupe naturel d'hommes qui se différencie des autres, par des caractères physiques héréditaires provenant d'un passé commun.
9. Rupture épistémologique. – Idéologie Allemande.
10. Étymologiquement, «qui ne parlent pas» et qui se caractérisent par l'extrême jeunesse de leur âge.

> **Verticalement**
I. Titre d'ouvrage de Nietzsche.
III. Parties constitutives, dont la combinaison forme une totalité
IV. Existence ordinaire.
V. Qui exerce une action sur ce qui est antérieur.
VI. Argument analytique.
VII. Groupement humain fixé sur un territoire donné, soumis à une même autorité et pouvant être considéré comme une personne morale. – Nature réelle.
VIII. Esprit cartésien. – Non-être qui précède l'être ou n'est plus.
IX. Id est.
X. Substance résineuse aromatique que l'on fait brûler, à l'occasion d'adoration ou de cérémonies spirituelles. – Hors de ou antérieurement.

	I	II	III	IV	V	VI	VII	VIII	IX	X
1										
2										
3										
4										
5										
6										
7										
8										
9										
10										

GRILLE 3

› Horizontalement

1. L'être-là, en Allemand. – Croyance absolue que l'on met en quelqu'un ou quelque chose, spécialement en Dieu, qui emporte la certitude.

3. Doctrine qui affirme la finalité comme principe explicatif de l'univers.

4. Traitement ou méthode thérapeutique spéciale.

5. Dégagement, voie par laquelle on peut sortir ou s'en sortir.

6. MOI, dans le désordre. – Qui a une connaissance juste des choses et qui, par un art supérieur de vivre, se met volontairement à l'abri de ce qui tourmente les autres hommes.

7. Discours pour célébrer, louer quelqu'un ou quelque chose. - Préposition pour désigner «à l'intérieur de».

8. Signification, acception, ordre ou direction.

9. Fait un choix. – Élément Grec signifiant «nouveau».

10. Qui en sait beaucoup, en matière d'érudition ou de science.

› Verticalement

I. Acte par lequel on précise la signification d'une chose, en déterminant les caractères propres de celle-ci.

III. Tendances affectives assez stables et durables, moins violentes que l'émotion ou la passion.

IV. Élan affectif.

V. Erreur de perception ou croyance erronée que forme l'esprit, à propos d'une apparence qui l'abuse par son caractère séduisant ou vraisemblable.

VII. Efforts de volonté que l'on s'impose, en vue de la perfection morale, de l'affranchissement de l'âme, par-delà le corps.

VIII. Déplacé. – Début ENTENDEMENT.

IX. Qui engendre l'excitation et la satisfaction libidinale.

X. Qui existe comme substance, indépendamment du contenu de l'esprit et de la connaissance de l'homme.

GRILLE 3

GRILLE 4

➤ Horizontalement

1. Personne qui exerce un métier manuel ou mécanique et qui appartient à la classe sociale la plus pauvre, reléguée dans des conditions de travail, d'oppression et de misère, qui la retiennent dans la dégradation, l'exploitation.

3. Qui relèvent de la raison.

5. Erreur de perception ou croyance erronée que forme l'esprit, à propos d'une apparence qui l'abuse, par son caractère séduisant.

6. Henri Bergson.

7. Processus d'élaboration, qui explique la manière dont, un objet d'étude quelconque s'est formé et donc devenu ce qu'il est, au moment où on le considère.

8. Adverbe équivalant à une proposition affirmative, qui répond à une interrogation non-accompagnée de négation. – Suffixe servant à la formation de substantifs dérivés, qui désignent une doctrine, une profession ou la considération, l'intérêt qu'on accorde à ces dernières.

9. VIE, dans le désordre.

10. Esprit scientifique. – Particule conjonctive qui marque un moment particulier de raisonnement en introduisant une objection à une thèse. – Personne sous le coup de l'émotion.

➤ Verticalement

I. Groupe de personnes défendant la même opinion, et plus spécialement, organisation politique dont les membres mènent une action commune, pour donner ou conserver le pouvoir à une personne, à un groupe, pour faire triompher une idéologie. – Émotion agréable et vive, consistant en un contentement, une exaltation ressentie par toute la conscience.

III. Partie de la métaphysique qui s'applique à «l'être en tant qu'être», indépendamment de ses déterminations particulières.

V. Terme latin pour désigner le sujet, l'unité transcendantale du moi. – S'apercevoir, être informé par la voie sensorielle ou la voie de la sensibilité, quant à une qualité, un fait, un objet.

VII. Personne qui, de manière momentanée ou permanente, est dépourvue d'occupation.

VIII. Esprit scientifique.

X. Adverbe signifiant les uns avec les autres, et simultanément.

GRILLE 4

	I	II	III	IV	V	VI	VII	VIII	IX	X
1										
2										
3										
4										
5										
6										
7										
8										
9										
10										

GRILLE 5

➤ Horizontalement

1. Obstacle épistémologique. – Début machine.
2. L'autre que soi.
4. Autorité souveraine d'un chef d'État qui porte le titre d'empereur. – Ensemble de procédés qui tendent à une certaine fin et qui, en tant qu'œuvre de l'homme, exprime un idéal de beauté.
6. Qui s'irritent et sont prompts à se mettre en colère.
7. Système numérique. – Conjonction de coordination qui sert à lier les parties du discours, et exprime l'addition, l'énumération, le rapprochement.
8. Particule négative généralement adjointe au verbe, utilisée aussi dans certains tours à valeur superlative, ou près des verbes exprimant la crainte, le doute. – État de calme, de tranquillité sociale, caractérisé à la fois, par l'ordre intérieur à chaque groupe, et par l'absence de conflit armé entre groupes.
9. Conjonction disjonctive marquant l'équivalence, l'indifférence, l'alternative entre deux éventualités. – Préfixe signifiant «par-delà» ; «au-delà de» et qui marque le mouvement, le déplacement.
10. Ce qui est.

➤ Verticalement

I. Fait d'éprouver quelque chose, considéré comme un élargissement ou un enrichissement de la connaissance, du savoir, des aptitudes.
III. Philosophe Allemand contemporain, auteur de «Introduction à la philosophie». – Obstacle épistémologique.
IV. Terme anglophone se rapportant au système, et qui exprime l'entrée de données dans un système, par opposition à leur sortie.
V. Enlever, retirer.
VI. Enfant rebelle. – Qualité de ce qui est égal, régulier.
VIII. Fait extraordinaire où l'on croit reconnaître une intervention divine bienveillante, auquel on confère une signification spirituelle.
IX. L'être en tant que phénomène particulier.
X. Actes d'adoration et de vénération que l'on adresse au divin, en guise d'honneur, d'hommage, de reconnaissance.

GRILLE 6

› Horizontalement

1. Art et pratique du gouvernement des sociétés humaines, consistant en l'organisation et l'exercice du pouvoir temporel.

3. Caractère de ce qui est unique et qui n'a pas de parties. – Conjonction négative qui, tout en joignant les termes, disjoint les idées dans une énumération.

4. Relation intelligible que l'on constate ou élabore, rapprochant plusieurs réalités, sous forme de dispositions régulières, de suite méthodique.

5. Matérialisme dialectique.

6. Image représentant une divinité et qu'on adore comme si elle était la divinité elle-même.– Id est.

7. Préfixe latin qui indique la simultanéité, l'accompagnement, l'adjonction.

8. Terme Grec pour designer l'être ou ce qui est.

9. Type concret ou formule abstraite de ce qui doit être, relativement à un jugement de valeur, parce que considéré comme ce qui est conforme à la majorité des cas.

10. Concept qui désigne tout ce qui existe, la substance commune à toute chose. — Attraction irrésistible que l'on subit de la part d'un objet connu ou imaginé et qui se présente comme un vide violent qu'il faut combler.

› Verticalement

I. Émotion plus ou moins marquée, individuelle ou collective, qui se caractérise par la crainte ou la frayeur, dues à la prise de conscience d'un danger ou d'une menace quelconque. – Représentation sonore ou graphique qui, dans une langue, permet d'exprimer un concept qui renvoie à une chose, une situation, un être.

II. Obsession traumatique.

III. Mathématicien et philosophe Allemand du 18è siècle, qui explique l'interaction de l'esprit et de la matière par une harmonie préalable que subissent les monades autonomes qui constituent la réalité. – Religion rationelle.

IV. Pronom personnel qui représente la première personne du singulier.

V. Dans la religion chrétienne et dans les systèmes d'inspiration chrétienne, étude des questions religieuses, fondées principalement sur les textes sacrés, la tradition.

VII. Terme latin scolastique, signifiant «quoi» et qui renvoie à l'essence d'une chose. – Terme pour désigner la philosophie scolastique du moyen-âge mais aussi tout établissement d'enseignement.

VIII. Pronom personnel indéfini désignant les gens, les hommes en général, et finalement, personne en particulier.

IX. Celui, celle qui cherche à nuire à quelqu'un, ou, avec qui on est en conflit et que l'on considère comme un adversaire. – Pronom personnel et nominal pour designer l'autre, à la deuxième personne du singulier.

X. Ce à quoi l'on est tenu par la loi, les circonstances ou les principes de morale et qui se présente comme une obligation.

GRILLE 6

	I	II	III	IV	V	VI	VII	VIII	IX	X
1										
2										
3										
4										
5										
6										
7										
8										
9										
10										

GRILLE 7

➤ Horizontalement

1. Offrandes rituelles à la divinité, caractérisées par l'immolation réelle ou symbolique d'une victime, ou l'abandon volontaire de la chose offerte.

2. Préposition exprimant la relation d'une intériorité individuelle ou d'appartenance à ce qui contient.

3. Personnes civiles qui vivent en République et qui sont astreintes à des devoirs, en même temps qu'elles bénéficient de droits, par compensation.

5. Principe de dégradation de l'énergie qui se traduit par un état de désordre toujours croissant de la matière et qui se manifeste comme inertie.

6. Pronom personnel indéfini désignant les hommes en général et qui, d'après Heidegger, est la traduction de l'existence inauthentique.

7. Acte par lequel on possède une femme contre sa volonté, par la force. – Planète qui, astrologiquement, est appelée planète rouge, et qui est sensée être le principe de la force, du courage, de la guerre.

8. Type concret ou formule abstraite de ce qui doit être, relativement à un jugement de valeur ; principe considéré comme ce qui est conforme à la majorité des cas.

9. Préfixe latin qui indique la simultanéité, l'accompagnement, l'adjonction.

10. Qui appartient au stoïcisme ou le professe.

➤ Verticalement

I. Groupe organisé de personnes qui, au sein d'une religion, d'une école philosophique, d'un parti politique, suivent une même doctrine, soit dans un esprit contestataire, hérétique ; soit par intolérance et étroitesse d'esprit.- Mauvais penchant, tare ou défaut, que reprouve la morale, la religion.

III. Partie plus ou moins longue de texte, empruntée à un auteur ou un personnage célèbre, pour illustrer ou appuyer ses propres arguments.

IV. Langage oral.

V. Pronom personnel indéfini désignant les gens, les hommes en général, et finalement, personne en particulier.

VI. Personnage mythique de forme féminine auquel la légende attribue une grande beauté, un pouvoir surnaturel et une influence sur la destinée des humains. – Pronom personnel de la première personne du singulier, représentant la personne qui parle ou qui écrit, et qui traduit ce qui constitue son individualité, ce qui fait qu'elle a conscience d'elle-même.

VII. Système ou attitude philosophique qui repose sur la croyance à l'innéité des idées.

VIII. Conjonction traduisant une donnée hypothétique, qui correspond soit à une condition, soit à une supposition, soit à une éventualité.

IX. Particule conjonctive qui marque un moment particulier du raisonnement, en introduisant une objection à une thèse.

X. Arrêt ou interruption momentanée, pour une remise à plus tard.

GRILLE 7

	I	II	III	IV	V	VI	VII	VIII	IX	X
1										
2		■		■	■			■	■	
3										
4		■	■	■	■	■		■	■	
5									■	
6	■	■		■		■		■		
7					■	■				
8		■						■	■	
9			■	■		■	■	■	■	
10		■								

GRILLE 8

⟩ Horizontalement

1. Point de doctrine établi ou considéré comme une vérité fondamentale, absolue et incontestable, dans une religion.- De Grèce.

2. Esprit scientifique.

3. Sensation auditive, engendrée par la perturbation d'un milieu naturel ou par les ondes acoustiques. – Terme latin pour designer le sujet, l'unité transcendantale du moi.

4. Action de donner l'existence, soit en tirant du néant, soit en organisant de façon originale, ce qui est là.

5. Dans la théorie psychanalytique des trois instances de la personnalité, pôle formé par l'ensemble des pulsions, des tendances primitives, inconscientes et refoulées.

6. Qui n'est pas encore manifesté, déclaré, mais demeure en puissance.

7. Mot latin signifiant «ici».

8. Représentations sensibles, imagées ou sonores, destinées à exprimer un concept et la réalité à laquelle renvoie ce concept.

9. Dialogue de Platon traitant du genre critique. – Pronom personnel de la première personne du pluriel.

10. Temps, situation, état futur que l'on peut entrevoir ou anticiper.

⟩ Verticalement

I. Ensemble des données linguistiques observables (audibles), fait sur un sujet déterminé, par développement méthodique.

II. Particule conjonctive qui marque un moment particulier du raisonnement en introduisant une objection à une thèse.

III. Science qui a pour objet, la recherche des filiations, des descendances et des origines.

IV. Monde sensible. – Adverbe de négation exprimant l'absence, le refus ou le rejet de quelqu'un ou de quelque chose Bachelard en a écrit une philosophie.

V. NIE, dans le désordre.

VI. L'ensemble de tout ce qui existe, considéré comme la totalité des choses créées, des êtres et des choses perçus.

VIII. Ce qui n'est pas et qui est donc le néant, l'absence, le vide. – Terme Grec pour désigner Dieu.

X. Opinions auxquelles l'esprit adhère par habitude, éducation, conviction religieuse ou doctrinale et qui excluent le doute.

GRILLE 8

	I	II	III	IV	V	VI	VII	VIII	IX	X
1										
2										
3										
4										
5										
6										
7										
8										
9										
10										

GRILLE 9

⟩ Horizontalement

1. Idée, image fixe, qui s'impose à l'esprit comme une hantise, une phobie angoissante et pénible.

3. Personne dirigeant un royaume et qui accède au pouvoir souverain par voie héréditaire, ou plus rarement, élective.

4. Individu porté à orienter son énergie psychique vers lui-même, et qui donc fait seulement attention à son moi, non à l'extérieur.

6. Construction intellectuelle, méthodique et organisée, de caractère hypothétique généralement et synthétiquement, appliquée à un domaine particulier du connaissable

7. Associée par un lien qui fond les éléments en une unité.

8. Philosophe et scientifique Allemand du 19è siècle, auteur de la philosophie critique.

10. Personnage de la mythologie Grecque qui, réalisant les prédictions le concernant, tua son père et épousa sa mère, puis se creva les yeux. – Personnalité secrète intérieure.

⟩ Verticalement

II. Point de vue, idée ou ensemble d'idées que l'on a dans un domaine particulier et qui marque l'adhésion partielle à une assertion, à un sujet.

VI. Fait de continuer à vivre, malgré des conditions extrêmement difficiles ou, après une cause réelle de mort.

VII. Obstacle épistémologique. – Premier stade de la libido chez l'enfant, d'après la psychanalyse freudienne.

VIII. Idéologie raciste.

X. Personnes originaires d'un lieu qui suppose l'établissement fixe de leurs parents, de leur éducation.- Adverbe et adjectif signifiant, qui est la moitié d'un tout.

GRILLE 10

⟩ Horizontalement

1. Système de croyances et de pratiques, impliquant des relations avec Dieu, à qui obéissance et respect sont dus, dans la reconnaissance du sacré.

3. Convention, contrat, de caractère solennel ou d'importance particulière, entre deux ou plusieurs parties. – Émotion, sentiment agréable et vif, consistant en un contentement, une exaltation, ressentie par tout l'être.

5. Représentation, matérialisation de la parole et de la pensée, par des signes conventionnels.

7. Représentation mentale qui, selon Platon, est l'essence éternelle et purement intellectuelle des choses sensibles. – Personne dirigeant un royaume et qui accède au pouvoir souverain, par voie héréditaire (ou plus rarement, élective).

8. Substantif introduisant une donnée d'hypothèse qui correspond soit à une condition, soit à une supposition, une éventualité. – Terme Grec, utilisé comme préfixe et signifiant «nouveau».

9. Organisation traditionnelle.

10. Surprise, stupéfaction causée par quelque chose d'extraordinaire, d'inattendu, de nouveau.

⟩ Verticalement

I. Organisation politique de la société, gouvernement légitime où le pouvoir exécutif est exercé selon l'intérêt, la chose publique, tout ceci guidé par la volonté générale, qui est alors, la loi.

III. Gymnase où enseignait Aristote et par suite, nom donné à certains établissements d'enseignement secondaire. – Phénomène de réflexion du son, par un obstacle qui le renvoie.

V. Acte de violence politique, sous forme de lutte armée, entre groupes sociaux, et spécialement, entre Etats. – Sensation auditive, engendrée par la perturbation d'un milieu naturel, ou par les ondes acoustiques.

VI. Cérémonie de culte, réglée, invariable, habituelle, en usage dans une communauté, en particulier, religieuse.

VII. Dans l'ordre physique, toute chose qui affecte les sens ; et particulièrement, la vue, en tant que cette chose est donnée par l'expérience et existe indépendamment de l'esprit.

VIII. Ce que l'on a en naissant, par opposition à acquis, et qui est donc inhérent à la réalité.

IX. Rupture épistémologique.

X. Pays présenté comme point d'origine spatio-temporelle de la philosophie. – Aptitude à sentir et à apprécier des valeurs esthétiques, dans ce qu'elles ont de correct, de délicat, de qualitatif.

GRILLE 10

GRILLE 11

➤ Horizontalement

1. Caractère de la connaissance qui ne peut saisir que des relations, des phénomènes, mais surtout, dépend de la structure de l'esprit.

3. Ensemble des fonctions psychiques conscientes, diverses, de compréhensions riches de possibilités et dont la tendance à l'abstraction et la généralisation, amènent à s'affranchir des données toujours limitées et particulières de la perception. – Pronom personnel et indéfini désignant les gens, les hommes en général et, finalement, personne en particulier.

5. Opinion, jugement défavorable et désapprobateur, en guise de reproche et de condamnation, sur quelqu'un ou quelque chose.

6. Manifester à quelqu'un que l'on rencontre ou quitte, une marque d'attention, d'honneur, de civilité.

7. Représentation intellectuelle des choses et qui, selon Platon, est l'essence éternelle et purement intelligible des choses sensibles. – Déchiffrer, identifier ou proclamer les caractères d'un texte écrit, pour prendre connaissance de son sens ou le faire connaître par d'autres.

8. Préposition pour désigner «à l'intérieur de».

9. Points de vue, attitudes qui ne tiennent pas compte de la réalité et apparaissent comme chimériques, illusoires.

10. Suffixe servant à former des substances pour désigner une qualité, un état, une situation, un fait.

➤ Verticalement

I. Organisation politique et légitime de la société où le pouvoir exécutif est exercé selon la « chose publique » qui est alors la loi.

III. Tout système de signes vocaux écrits, visuels ou autres, généralement conventionnels, servant à la communication entre les individus. – Pronom personnel indéfini qui renvoie à un sujet indistinct et désigne les gens ou l'opinion, mais personne en particulier.

V. Propositions ou théories particulières que l'on tient pour vraies et qu'on s'engage à défendre par les arguments. – Ensemble des phénomènes de croissance, de métabolisme, de reproduction, que présentent tous les organismes animaux, végétaux ou minéraux, durant un espace de temps compris entre leur naissance et leur mort.

VII. Choses qui ont un rapport au sens de la vue.

VIII. UNI, dans le désordre.

IX. Apercevoir, déceler par un effort de l'esprit, de l'imagination ou même, de manière fortuite, ce que l'on cherchait, ou ce que l'on souhaitait avoir.

X. Exercice du pouvoir souverain, considéré dans sa durée, ses modalités.

GRILLE 11

	I	II	III	IV	V	VI	VII	VIII	IX	X
1										
2										
3										
4										
5										
6										
7										
8										
9										
10										

GRILLE 12

➤ Horizontalement

1. Qui appartient exclusivement à une espèce ou à certains éléments d'une espèce et qui leur est intrinsèque. – Élément Latin signifiant «qui vient après» dans le temps (et même dans l'espace).

2. Personne dirigeant un royaume et qui accède au pouvoir souverain par voie héréditaire, ou plus rarement, élective.

3. Relations charnelles entre personnes parentes ou alliées, à un degré qui entraîne la prohibition du mariage.

4. Emotions agréables er vives, consistant en un contentement, une exaltation ressentie par toute la conscience.

5. Suc des capsules d'un pavot, utilisé comme stupéfiant, dont Marx dit que la religion en est un pour le peuple.

6. EGO, dans le désordre.

7. Pronom personnel sujet de la deuxième personne du singulier. – Ce à quoi s'applique l'activité rétribuée d'une personne ; ou bien, fait, manière d'utiliser une chose.

8. Chose que l'on sait. – Organisation occulte.

9. Pronom personnel réfléchi de la troisième personne du singulier et du pluriel, pour les deux genres. – Conjonction traduisant une donnée hypothétique, qui correspond soit, à une condition, soit à une éventualité.

10. Dont la forme reste unique, identique, stable, en tout, partout et pour tous. – Pronom personnel de la première personne du singulier des deux genres, par lequel l'individu se sent exister comme conscience, en décrivant ses actes, ses états.

➤ Verticalement

I. Généralement, opinions préconçues, idées toute faites, imposées, soit par le milieu, soit par l'époque, soit par l'éducation.

II. Relation d'ordre.

III. État de désœuvrement et d'inaction, qui caractérise une personne sans besogne, sans occupation.

IV. Sigmund Freud.

V. La faculté de penser, considérée d'un point de vue général et abstrait, en tant qu'elle permet de connaître, de juger, de distinguer le vrai du faux et d'agir par rapport à ce jugement. – Élément Grec signifiant «nouveau».

VIII. Ce qui est supposé préalablement à une démarche, une condition de l'esprit.

IX. Disposition juridique prise par le pouvoir législatif et appuyée par l'autorité publique, comme obligatoire pour chaque citoyen.

X. Relatif au thème.

GRILLE 12

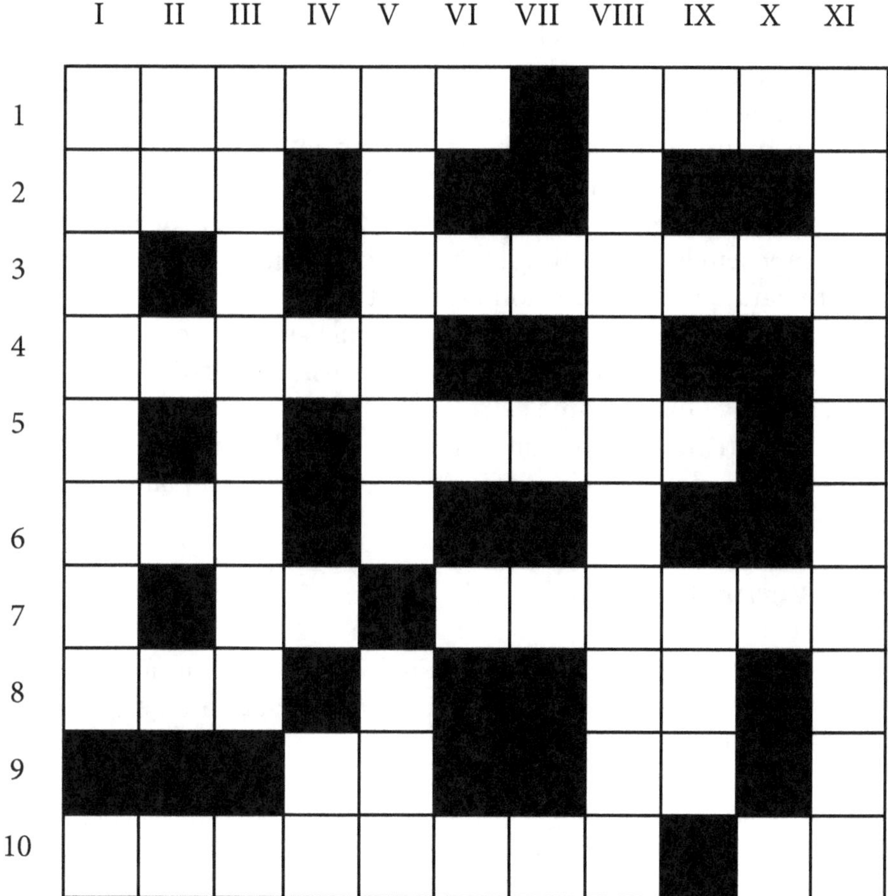

› **Horizontalement**

1. Échanges de propos entre deux personnes.

3. Point de vue, attitude qui ne tient pas compte de la réalité et apparaît comme chimérique, illusoire. – Psychanalyste, disciple de Freud, qui parla de l'inconscient collectif.

5. Qualité de ce qui est égal.

6. Pronom personnel indéfini désignant les gens, les hommes en général et, apparaissant, selon Heidegger, comme l'indice de l'existence inauthentique.

7. Réalités qui se manifestent à la conscience, que ce soit par l'intermédiaire des sens ou non, et qui peuvent être objet de science.

8. Préposition pour designer «à l'intérieur de».

9. Choses tangibles, susceptibles d'appropriation et de possession, et qui composent le patrimoine, l'héritage, la fortune. – Geste bref, habituel et automatique, répété involontairement.

10. Qui est dans un état animé par le plaisir de vivre et une humeur riante. – Pronom personnel réfléchi de la troisième personne du singulier et du pluriel et qui exprime l'être, la chose par rapport à elle-même.

11. Doctrine des Pyrrhoniens Grecs, selon lesquels, l'esprit humain ne peut atteindre aucune vérité générale, et qui pratiquaient, en toutes choses, la «suspension du jugement».

› **Verticalement**

I. État de l'esprit qui est incertain de la réalité d'un fait, de la vérité d'une énonciation. – Dons, dispositions, héritages à titre gratuit, faits généralement par testament.

II. Argument cohérent.

III. Peur, accompagnée d'angoisse et souvent, de vertige, devant certains espaces (surtout grands) à traverser, à habiter.

V. Appréciation, avis, point de vue sur tel ou tel sujet, dans tel ou tel domaine déterminé, mais aussi, la doxa dont parle Platon, par rapport à la science et à la pensée discursive. – Caractéristiques de l'être, selon Parménide.

VI. NIE, dans le désordre.

VII. Mœurs, coutumes, habitudes. – Ensemble de mots et d'expressions, appartenant à un vocabulaire spécial, ou choisis pour faire savoir quelque chose.

VIII. Préposition pour designer «à l'intérieur de».

IX. Apparence, doute, qui laisse supposer la présence ou l'existence d'une chose, d'une intention ou d'un acte blâmables.

X. Qui a fait l'objet de naissance.

XI. Poison extrait du conium, que Socrate fut condamné à boire. – Celui, ou ce qui ne peut être touché, sans être souillé, et qui pour cela, fait l'objet d'un sentiment de révérence religieuse, au contraire de ce qui est profane.

GRILLE 13

	I	II	III	IV	V	VI	VI	VIII	IX	X	XI
1											
2											
3											
4											
5											
6											
7											
8											
9											
10											
11											

GRILLE 14

➤ Horizontalement

1. Méthode par laquelle Socrate disait accoucher les esprits, des pensées qu'ils contiennent, sans le savoir.

2. Un des quatre éléments de base, dont la matière est faite, selon les philosophes présocratiques.

4. Dans la philosophie de Kant, réalité intelligible, chose en soi, par rapport à «phénomène».

5. Conjonction négative qui, tout en joignant les termes, disjoint les idées dans une énumération. – Rupture épistémologique.

6. Qui a fait l'objet d'émission.

8. Terme Grec pour désigner la sagesse. – Formation de l'esprit scientifique.

10. Inclinations puissantes et durables, faites d'états affectifs, qui dominent la vie de l'esprit.

➤ Verticalement

I. Philosophe socialiste Allemand du 19è siècle, grand révolutionnaire, auteur du matérialisme dialectique.

II. Angoisse inhibitrice.– Terme Grec utilisé par Platon, pour designer l'opinion, par opposition à la science et à la pensée discursive.

V. Le second, l'autre que soi, ou, plus généralement, les autres personnes.

VI. Pronom de la troisième personne du singulier, conjoint ou non au verbe.

VII. Philosophe et universitaire Allemand du 19è siècle, auteur, entre autres, de la phénoménologie de l'esprit.

IX. Caractère d'un jugement ou d'une pensée qui est conforme, exact, relativement à son objet, et qui emporte la certitude.

X. Préposition pour désigner «à l'intérieur de».- Esprit scientifique. – Pronom personnel réfléchi, représentant tout sujet de personne, déterminé ou non, et qui désigne l'être, tel qu'il est en lui-même.

GRILLE 14

GRILLE 15

› Horizontalement

1. Ce qui est personnel dans un sujet susceptible de changer, et qui constitue en lui, l'essentiel.

3. Expression désignant la substance, la réalité telle qu'elle est en elle-même, conformément à l'entendement pur et indépendamment des modifications possibles. – Qui est d'une crédulité, d'une confiance irraisonnée et quelque peu ridicule.

4. Anglicisme pour traduire un état de détresse et solliciter l'aide en urgence.

5. Faculté que l'on a en naissant, par opposition à celle qui est acquise et qui est donc inhérente à la réalité humaine.– Pronom personnel sujet de la deuxième personne du singulier et des deux genres, désignant l'autre.

6. Personnage d'un des dialogues (du même nom) de Platon, sur la prière. – Refuse, conteste la réalité, l'existence d'un objet, d'une pensée.

7. Qui éprouve une sensation de fatigue générale et vague, une inaptitude à l'action, au mouvement.

8. Réalité unique qui n'a pas de parties et qui ne peut être divisée.– Qui a fait l'objet de naissance.– Activité physique ou mentale, destinée au divertissement et généralement fondée sur un système de règles définissant un succès et un échec, un gain et une perte, mais selon des buts fictifs.

10. Qui constitue ou représente un symbole.

› Verticalement

I. Enclins au scepticisme.

III. Exigences, nécessités de la nature humaine, ou de la vie sociale, qui expriment un vide à combler.

IV. BON, de bas en haut.

V. Figure géométrique polygone à trois côtés et qui caractérise la forme et la nature de la relation œdipienne selon Freud.

VII. Qui, en soi, n'a aucun sens.– Substantif introduisant une donnée d'hypothèse qui correspond soit à une condition, soit à une éventualité.

VIII. Argument objectif.

IX. Terme Grec désignant le savoir, la connaissance.

X. Fait usage de.

GRILLE 15

53

GRILLE 16

➤ Horizontalement

1. Philosophe existentialiste Allemand, auteur notamment de l'être et le temps.

2. Adverbe de négation qui s'emploie souvent seul et généralement, avec « pas » ou « plus ». – Nouvel esprit scientifique.

3. Disposition, succession régulière, constatée, élaborée ou imposée, de caractère spatial, temporel, logique, moral,… qui exprime une relation intelligible entre plusieurs termes. – Grande obsession.

4. Obstacle épistémologique. – Logique interne.

5. Refuse, conteste la réalité, l'existence d'un objet, d'une pensée. – Idée que l'on forme de ce que l'on fera et des moyens, des actes que l'on mettra en œuvre, en vue d'une modification de son milieu, de soi-même.

7. Agissement, opération, manœuvre d'un agent, manifesté par ses effets.

8. Absolument identiques, pareils. – État bourgeois.

10.Classe dans laquelle on range des objets de même nature, ou, plus particulièrement, dans la logique d'Aristote, qualité que l'on peut attribuer à un sujet.

➤ Verticalement

I. Toute théorie, doctrine ou attitude, qui prend pour fin, la personne humaine et son épanouissement, de tous les points de vue.

III. Images représentant une divinité (figure, statue) et que l'on adore, comme si elles étaient la divinité elle-même.– Premier élément de l'expression latine signifiant, «par ma faute», par laquelle on reconnait sa propre responsabilité dans une difficulté qui se produit.

V. Phénomène linguistique qui consiste pour un individu, à se tenir intérieurement un discours, sans que des mots ne soient extérieurement proférés.

VI. Administrer, conduire une situation, un domaine, une affaire propre à soi, ou appartenant à quelqu'un d'autre.

VIII. Préposition exprimant la relation d'une chose avec ce qui la contient ou la relation d'une chose avec le milieu d'une autre chose. – Émotion agréable et vive, consistant en un contentement, une exaltation, ressentie par toute la conscience.

IX. Ce qui est imposé ou ce qu'on adopte comme guide, comme norme, comme convention pour régir une activité ou, comme ligne directrice de sa conduite. – État de quelqu'un à qui on se soumet, en se conformant à ce qu'il ordonne ou défend.

X. Présentatif d'hypothèse ou de supposition, ayant aussi valeur de concession.

GRILLE 16

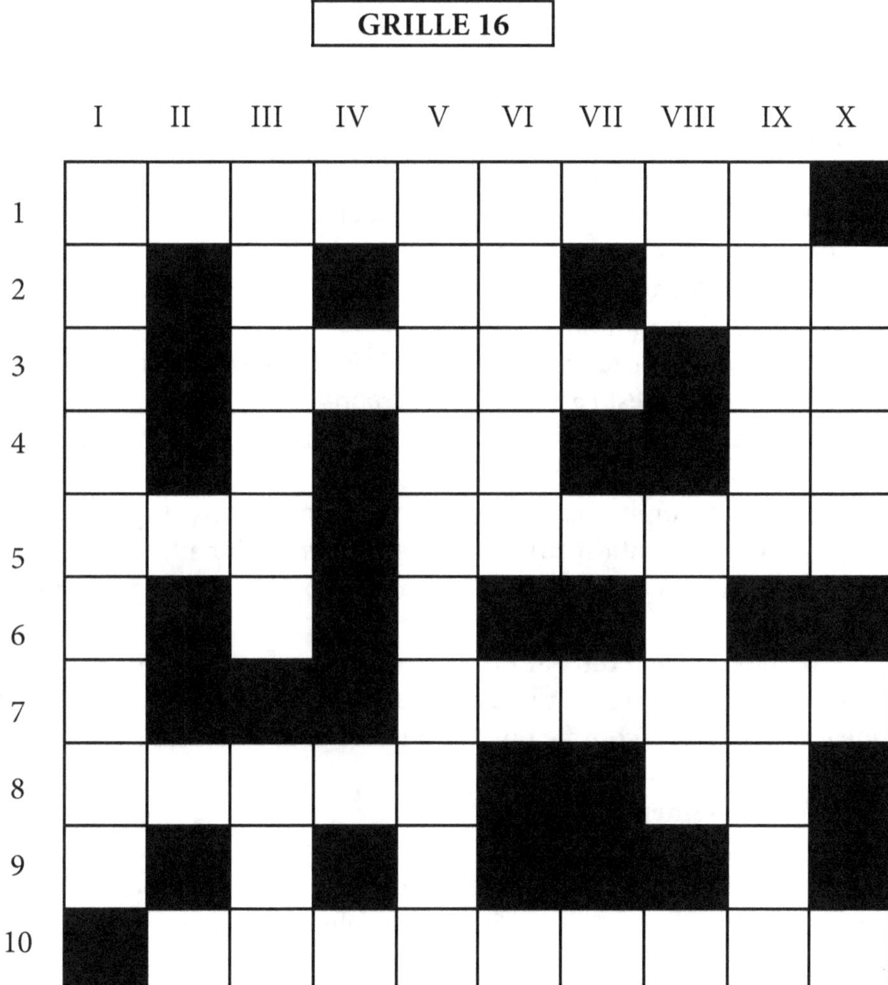

GRILLE 17

➤ Horizontalement

1. Épreuve psychotechnique, définie et standardisée, impliquant une tâche à remplir, avec technique précise, en vue d'évaluer soit des connaissances acquises, soit des fonctions sensori-motrices ou mentales. – Qui n'est pas la même personne ou la même chose.

3. Disposition juridique prise par le pouvoir législatif et appuyée par l'autorité publique, comme s'imposant à chaque citoyen. – Ce qui, étant faux, est donné ou considéré comme vrai, mais aussi, état ou acte de l'esprit qui tient pour vrai ce qui est faux et inversement.

4. Force agissante dont dispose un être, ou dont se trouve animée une chose quelconque.

5. Obligation morale absolue.

6. Bienfait, assistance, aumône envers les personnes démunies et dont le fondement est l'amour du prochain.

7. Adjectif d'origine latine signifiant, «qui est au milieu» ou, «qui est la moitié d'un tout».

8. Groupe nombreux de personnes qui font corps et qui forment la majorité, par opposition aux individus. – Ce qui fait naître un sentiment d'admiration, souvent mêlé de plaisir, en approchant la perfection en son genre.

10. Assemblée réunissant tous ceux qui professent la foi chrétienne, mais aussi, édifice consacré au culte de la religion chrétienne. – Chose que l'on a à l'esprit comme objet de pensée et que l'on sait.

➤ Verticalement

I. Principe qui, chez les êtres vivants, caractérise le fait qu'une structure est adaptée à la fonction qu'elle exerce, en vue d'une fin déterminée.

II. Pronom personnel indéfini, désignant les gens, les hommes en général et qui, selon Heidegger, est l'expression de l'existence inauthentique.

III. Ensemble de connaissances, d'études, d'une valeur universelle, caractérisées par un objet et une méthode déterminées et fondées sur des relations objectives et vérifiables.

IV. Substantif désignant la personnalité, le moi, l'identité de chacun.

V. Épistémologie générale.– En métaphysique, principe qui anime et qui est le principe spirituel de l'homme.

VI. Locution adverbiale qui indique que l'on part de données ou d'idées antérieures à toute expérience.– Pronom personnel de la première personne du singulier des deux genres, par lequel l'individu se sent exister comme conscience, en décrivant ses actes, ses états.

VII. Moitié réminiscence.

VIII. Personnes qui ne croient pas en Dieu ou nient son existence.

X. Ce qui est rédigé, en tant qu'œuvre de l'esprit et qui est littéraire, juridique ou scientifique.– Chose propre, nette, et parfaite, sans mélange aucun.

GRILLE 17

	I	II	III	IV	V	VI	VII	VIII	IX	X
1					■					
2		■		■	■		■	■	■	
3				■						
4								■		
5		■		■	■				■	
6		■								■
7		■		■			■		■	
8						■				
9		■	■		■		■		■	
10							■			

GRILLE 18

➤ Horizontalement

1. Tensions inhérentes aux besoins de l'organisme et qui, en tant qu'éléments dynamiques de l'activité psychique inconsciente, « poussent » l'individu à agir à son insu.

2. Pronom personnel indéfini, désignant les gens, les hommes en général et qui, selon Heidegger, est l'expression de l'existence inauthentique.

3. Fait accompli de façon effective, sous l'action ou la volonté, par opposition à puissance.

4. Nom du dieu Grec de l'amour et qui, au plan psychanalytique, est le principe d'action, symbole du désir dont l'énergie est la libido.– Opinion vulgaire.

5. Affectés par l'émotion.

6. Ce que l'on a envisagé, anticipé ou que l'on attendait comme possible.

8. Suite de phénomènes psychiques qui se produisent chez l'individu, durant le sommeil, sous forme de représentations diverses (images, sons, couleurs).

9. Pronom personnel de la première personne du singulier, représentant la personne qui parle ou qui écrit, et traduisant ce qui constitue son individualité.

10. Autrichien, précurseur de la méthode thérapeutique d'exploration de l'inconscient.

➤ Verticalement

I. Période de l'évolution de la libido, caractérisée par l'accentuation des caractères sexuels primaires et l'apparition des caractères sexuels secondaires, qui marque le passage de l'enfance à l'adolescence et la maturité des organes sexuels habituels.

II. Pronom personnel réfléchi, représentant tout sujet de personne, déterminé ou non, et qui désigne l'être tel qu'il est en lui-même.

III. Disposition juridique prise par le pouvoir législatif et appuyée par l'autorité publique, comme s'imposant à chaque citoyen.

IV. Conjonction traduisant une donnée hypothétique, qui correspond soit à une condition, soit à une supposition. – Dans la théorie psychanalytique des trois instances du psychisme humain, pôle formé par l'ensemble des pulsions, des tendances primitives, inconscientes et refoulées.

VI. Ensemble des caractères personnels acquis dans l'enfance, doués d'une   puissance affective, souvent pathologiques et inconscients, qui déterminent l'individu à son insu.

VII. Utopie régressive.

VIII. Organe génital dont la conformation particulière distingue l'homme et la femme, en leur assignant un rôle déterminé et complémentaire dans la reproduction.

X. Que l'on ne peut s'avouer ou avouer, dans le cas par exemple, d'un désir ou d'un plaisir refusé par la société.

GRILLE 18

	I	II	III	IV	V	VI	VII	VIII	IX	X
1										
2										
3										
4										
5										
6										
7										
8										
9										
10										

GRILLE 19

➤ Horizontalement

1. Philosophe rationaliste Français du 17^è siècle, auteur du Discours de la Méthode.

3. Hommages, honneurs que l'on rend à la divinité, par des actes de religion.

4. Fait accompli effectivement, sous l'action ou la volonté, par opposition à puissance.

5. Attend, considère ce qu'il désire comme devant se réaliser, en y comptant.

6. Philosophe et diplomate Anglais du 18^è siècle, grand empiriste dont Kant dit qu'il l'a tiré de son sommeil dogmatique ; auteur entre autres, de « Enquête sur l'entendement humain ».

7. Milieu idéal dans lequel sont localisées les sensations qui accompagnent les mouvements et où se déroulent les déplacements, les perceptions.

8. Nota bene.

9. Parti communiste.

10. Groupes sociaux humains, plus ou moins nombreux et organisés, le plus souvent établis en institutions, en communautés et garantis par des règles de vie qui fondent les sanctions.

➤ Verticalement

I. Ce que l'on doit à quelqu'un comme dette.– Capitale de la Grèce.

III. Corps de doctrines qui se présente comme un ensemble de thèses, logiquement solidaires dans leurs relations, en tant que construction théorique sur un vaste sujet.

IV. Ouvrage marqué par une grande liberté de composition et de style, et qui est fait d'articles en général, courts, vifs et variés, plus ou moins artificiellement réunis sous un titre général.

VI. Romancier, musicien et philosophe suisse du 18è siècle, auteur de l'ouvrage « Du contrat social ».

VII. Pronom personnel de la première personne du singulier des deux genres, par lequel l'individu se sent exister comme conscience, en décrivant ses actes, ses états.

VIII. Propositions ou théories particulières que l'on tient pour vraies et que l'on s'engage donc à défendre par des arguments.

X. Sentiment d'assurance, état d'attente qui fait concevoir comme probable, la réalisation de ce que l'on désire.

GRILLE 19

GRILLE 20

❯ Horizontalement

1. Qui concerne le jeu et est soumis à des chances incertaines, hasardeuses.

3. Empreinte, marque, effet que des états physiologiques ou autres, produisent dans l'esprit comme manifestation d'une sensation.

4. Être suprême.

5. Livre sacré des Musulmans.- Matérialisme dialectique

6. Partie d'un acte défini plus ou moins conventionnellement et qui constitue un spectacle remarquable ou éveille des sentiments.- Conjonction traduisant une donnée hypothétique qui correspond, soit à une condition, soit à une supposition, soit à une éventualité.

7. Pronom personnel de la première personne du singulier, représentant la personne qui parle ou qui agit et qui traduit ce qui constitue son individualité ;

8. Désir de posséder, de jouir d'un bien, d'un plaisir égal à celui d'autrui. — Points que l'on se propose d'atteindre et à quoi l'on tente de parvenir, comme termes, comme fins.

10. Personnage de la mythologie Grecque, condamné par les dieux à rouler toujours sa pierre sur le flanc d'une montagne. - Désordre émotionnel.

❯ Verticalement

I. Croyance à la présence d'âmes, d'esprits, animant tous les êtres de la nature.

III. Selon Kant, formes a priori de la sensibilité extérieure et catégorie de la connaissance.

IV. Pronom personnel indéfini, désignant les gens, les hommes en général et finalement, personne en particulier.

V. Proposition démontrable (et démontrée) qui résulte d'autres propositions déjà posées.

VII. Particulièrement capable d'éprouver les sentiments d'amour ou de pitié et d'humanité et qui donc, est prompt à compatir à la souffrance d'autrui.

VIII. Personnes dirigeant un royaume et qui accèdent au pouvoir souverain par voie héréditaire, ou plus rarement, élective.

X. Pronom personnel indéfini, désignant les gens, les hommes en général et qui, selon Heidegger, est la traduction d'une existence inauthentique.– Système d'après lequel, on peut adhérer à l'existence de Dieu par la raison, en dehors des dogmes et des pratiques d'une église particulière.

GRILLE 20

❯ Horizontalement

1. Qui soutient ou professe la doctrine phénoménologique de Husserl.

2. Préfixe latin qui indique la simultanéité, l'accompagnement, l'adjonction.

3. Dans la dialectique énoncée par Hegel, conscience qui a pouvoir et autorité sur une autre, considérée comme esclave, pour se faire servir en permanence par cette dernière.

4. Représentation intellectuelle fonctionnant comme image des choses et qui, selon Platon, est l'essence éternelle et purement intelligible des réalités sensibles.

5. Situation, expression, dénuée de sens ou contraire à la signification véritable, par interprétation absurde. – Terme tabou.

7. Substantif désignant la personnalité, le moi, l'identité de chacun.– Suffixe d'origine Grecque qui sert à la formation de substantifs dérivés, pour designer une doctrine, une profession ou le fait d'y accorder de l'importance.

8. Préposition signifiant, «excepté» ; «à l'exclusion de».

9. Normes, conventions que l'on impose ou adopte, comme guides ou lignes directrices, pour régir une activité quelconque.

10. Activité physique ou mentale, destinée au divertissement, à l'amusement, au plaisir et généralement fondée sur un système de règles définissant un succès, un échec, un gain, mais, selon des buts fictifs.

❯ Verticalement

I. Toute théorie, doctrine ou attitude, qui prend pour fin, la personne humaine et son épanouissement total.

III. Attitude ou croyance qui consiste à prétendre résoudre tous les problèmes par la science.

IV. Dépourvu d'intelligence et de jugement.

V. Maître de rhétorique dans la Grèce antique et, aujourd'hui, dans un sens péjoratif, orateur à l'éloquence toute formelle, dont l'art déguise pourtant, une grande pauvreté d'esprit.

VI. Un des quatre éléments constitutifs de la nature, selon les présocratiques.

VII. Qui a fait l'objet de lecture.– Instinct sexuel.

VIII. Lieu où l'on se réfugie pour retrouver la paix, mais aussi, établissement d'assistance publique ou privée, où l'on accueille les vieillards, les aliénés mentaux.

IX. Ce qui est produit par une cause, comme conséquence de cette dernière.

X. Avoir une réalité, une essence.– Conjonction traduisant une donnée hypothétique qui correspond soit, à une condition, soit à une supposition, soit à une éventualité.

GRILLE 21

GRILLE 22

➤ Horizontalement

1. Ce qui est exigible ou permis par conformité à des règles précises, formulées, qui régissent les rapports humains en société. – Dans l'antiquité, fédération autonome de tribus groupées sous des institutions politiques religieuses communes.

3. Examen, analyse de la valeur d'un jugement, d'un raisonnement ; quant à son contenu, à son origine ou à sa pertinence.

5. Qui rend un culte divin aux idoles.

7. Dénués d'intelligence, de bon sens, de finesse, par nature ou accidentellement.

8. Rehausse à un niveau supérieur. – Esprits animaux.

9. Anglicisme pour traduire un état de détresse et solliciter l'aide en urgence. – Obstacle épistémologique.

10. Disposition, capacité innée pour quelque chose. – Principe qui anime et donne la vie et qui, chez l'homme, est spirituel et fonde la pensée.

➤ Verticalement

I. Ensembles de dogmes, de théories, qu'on affirme comme système de notions vraies et par lesquelles on fournit une interprétation des faits, on oriente l'action de l'homme, en matière religieuse, philosophique ou scientifique.

II. Disposition juridique prise par le pouvoir législatif et appuyée par l'autorité publique, comme s'imposant à chaque citoyen.

III. Relatifs aux rêves.

V. Association cohérente, régulière et nécessaire de trois réalités, trois instances, qui constituent, ensemble, une situation, un événement, une entité.

VI. Pronom personnel indéfini, désignant les gens, les hommes en général et qui, selon Heidegger, est l'expression de l'existence inauthentique.

VII. Qualité de cause ; ou encore, rapport de la cause à l'effet qu'elle produit.

IX. Cérémonie du culte, réglée, invariable, habituelle, en usage dans une communauté religieuse ou traditionnelle.

X. Discours pour célébrer, louer quelqu'un ou quelque chose. –
Qui a une connaissance juste des choses et qui, par un art supérieur de
vivre, se met volontairement à l'abri de tout ce qui tourmente les autres
hommes et sait en parler à titre de conseils.

GRILLE 22

GRILLE 23

➤ Horizontalement

1. Offrandes rituelles à la divinité, caractérisées par l'immolation réelle ou symbolique d'une victime, ou l'abandon volontaire de la chose offerte.

3. Qui relève de la catharsis.

5. Dogme de la religion chrétienne qui professe le mystère des personnes divines, le Père, le Fils, le Saint-Esprit.

6. Disposition juridique prise par le pouvoir législatif et appuyée par l'autorité publique, comme obligatoire pour chaque citoyen.

7. Terme latin pour désigner le « Moi », le sujet.

8. Privations, peines, répressions que l'on inflige à l'auteur d'une faute, le plus souvent pour l'amender, le corriger, le châtier.

10. Ordre, ensemble de démarches suivies pour découvrir et démontrer la vérité ; parvenir à un but, dans quelque domaine que ce soit.

11. Qui a une connaissance juste des choses et qui, par un art supérieur de vivre, se met volontairement à l'abri de ce qui tourmente les autres hommes et sait en parler à titre de conseils.

➤ Verticalement

I. Relatif à la société

II. Employer, se servir de.

III. Partie plus ou moins longue de texte, de propos, empruntée à un auteur, ou à un personnage célèbre, pour illustrer ou appuyer ses propres arguments.

V. Faculté que possède l'esprit de se représenter, de former ou d'évoquer des images d'objets déjà perçus ou non.

VII. Pronom personnel de la deuxième personne du singulier et des deux genres, qui représente la personne à qui l'on s'adresse.- Conduites que l'on manifeste, fonctions, tâches que l'on remplit, comme jouant dans la société, un certain personnage.

IX. Investigations, recherches, examens en vue d'établir l'exactitude, la conformité d'un fait, d'une information.- Volonté générale.

XI. Faire travailler pour son compte.

	I	II	III	IV	V	VI	VI	VIII	IX	X	XI
1											
2											
3											
4											
5											
6											
7											
8											
9											
10											
11											

GRILLE 24

⟩ Horizontalement

1. Mesures, caractéristiques, critères d'appréciation de la valeur d'un objet, d'un fait, d'une situation quelconque.

3. Arguments, raisonnements conformes aux règles de la logique, mais aboutissant à une conclusion manifestement fausse, dans l'intention délibérée de tromper.

5. Induire volontairement en erreur, quant aux faits ou quant à ses intentions, en usant de mensonge, de dissimulation, de ruse.

6. Vaisseau fermé qui permet à Noé d'échapper aux eaux du déluge.

7. Opinions par lesquelles les membres d'un corps politique, d'une assemblée délibérante, expriment leur avis, leur suffrage sur une décision à prendre.

8. Présentatif d'hypothèse ou de supposition ayant aussi valeur de concession.

9. Ensembles de connaissances, assez nombreuses, plus ou moins systématisées, acquises par une activité mentale suivie.

10. personne liée par des voeux de religion et menant, en solitaire ou en communauté, une vie essentiellement spirituelle.

11. Époque, généralement de durée longue, qui instaure un nouvel ordre de choses. – Refuse, conteste la réalité, l'existence d'un objet, d'une pensée. – Nouvel ordre scientifique.

⟩ Verticalement

I. Ensemble de doctrines d'Auguste Comte, exprimées dans le «Cours de philosophie positive».

III. Relation avec. – espace de temps compris entre la naissance et la mort des êtres organiques, où ils remplissent des fonctions selon leurs règnes et leurs espèces.

V. Pronom personnel de la première personne du singulier, représentant la personne qui parle, ou qui agit, et traduit ce qui fait qu'elle a conscience d'elle-même. – Inclination puissante et durable, faite d'états affectifs qui déterminent la vie de l'esprit.

VI. Particule conjonctive qui marque un moment particulier du raisonnement, en introduisant une objection à une thèse.

VII. Attitude qui consiste à sacrifier toutes les valeurs à la valeur morale, comme étant la seule valable.

IX. Ce qui constitue la nature d'un être. - Ce qui est à la fois terme et but, vers quoi l'on tend volontairement ou non.

XI. Particule négative, généralement adjointe au verbe, utilisée aussi dans certaines tournures à valeur superlative, ou, près des verbes exprimant la crainte, le doute.

XI. Types primitifs, originaux, immuables, qui servent de principes, de modèles.

GRILLE 24

	I	II	III	IV	V	VI	VI	VIII	IX	X	XI
1											
2											
3											
4											
5											
6											
7											
8											
9											
10											
11											

GRILLE 25

❯ Horizontalement

1. Toute richesse qui ne sert pas à la consommation immédiate, mais qui est destinée à la production d'un revenu ou de nouveaux biens. – Internationale socialiste.

3. Ce qui ne peut être autrement, ou ne peut pas ne pas être, et dont la présence ou l'action est requise, pour obtenir un effet, une fin.

5. Qui unissent, relient deux ou plusieurs choses, deux ou plusieurs personnes entre elles. – en psychanalyse, qualifie le second stade de la libido infantile, par le sadomasochisme.

6. Du même genre, semblable. – Qui a fait l'objet de lecture.

7. Qui appartient à un domaine saint et inviolable, par opposition à ce qui est profane. — Qui a fait l'objet d'oubli, de silence, volontaire ou non.

8. Prêtres dans la Babylone antique, ou encore, personnes très avancées dans les sciences occultes, la magie.

9. Organisation, disposition régulière, relation intelligible, constatée, élaborée ou imposée, dans une pluralité de termes. – Monde sensible.

10. Partie d'un acte défini plus ou moins conventionnellement, et qui constitue un spectacle remarquable, ou éveille des sentiments.

❯ Verticalement

I. Argument final d'un raisonnement, d'une démonstration.

III. Acte conscient par lequel on contrevient aux lois, volonté et préceptes divins. – Système conventionnel de signes, susceptibles de transmettre de l'information et connu généralement d'une catégorie de personnes qui s'en servent comme support de communication.

V. Ensemble d'idées logiquement solidaires, considérées dans leurs relations ou encore, constructions théoriques que forme l'esprit sur un vaste sujet philosophique, scientifique, juridique, artistique.

VII. Rapport entre deux ou plusieurs choses ou situations, qui présentent quelque communauté de caractères.

VIII. Pronom personnel de la première personne du singulier pour les deux genres, et qui représente intimement, la personne qui agit ou parle.

IX. Manque de réalisme.

X. Qui ont fait l'objet de lecture.

GRILLE 25

	I	II	III	IV	V	VI	VII	VIII	IX	X
1										
2										
3										
4										
5										
6										
7										
8										
9										
10										

GRILLE 26

Horizontalement

1. Préfixe latin qui sert à former des verbes, des adjectifs et des noms, exprimant le fait de ramener en arrière, le retour à un état antérieur, la réception, le renforcement. – Qui se réduit à rien et donc, égal à zéro, c'est-à-dire, qui est sans valeur, du point de vue de la qualité.

2. Mot latin signifiant «je pense» et qui est l'élément fondamental du principe d'évidence, dans la démarche cartésienne.

3. Personnage mythique, de forme féminine, auquel la légende attribue une grande beauté, un pouvoir surnaturel et une influence sur la destinée des humains. – Doute sceptique.

4. Tout système de signes servant de moyen d'expression et de communication entre les individus d'une ou plusieurs communautés.

5. Début système.

6. Appareil répressif d'État.

7. Esclave sous la féodalité.

8. Entreprend avec audace ou témérité, une chose considérée comme difficile, insolite ou périlleuse.

9. Éthique sociale.

10. Etat de ce qui demeure caché, inconnu, et dont la quantité ou la qualité est trop vague et insuffisante pour se déclarer, se manifester.

Verticalement

I. Effort d'examen par lequel la pensée fait retour sur elle-même, en vue d'approfondir telle ou telle donnée de la conscience spontanée, tel ou tel aspect des actes posés, des paroles émises.

II. Esprit analytique.

III. En psychanalyse, principe par lequel, les éléments de la vie psychique que la société, les parents (ou leur image) ne tolèrent pas, sont refoulés dans l'inconscient.

IV. Préfixe latin qui indique l'accompagnement, la simultanéité, l'adjonction. – Conjonction de coordination qui sert à lier les parties du discours, et exprime l'addition, l'énumération, le rapprochement.

V. Examen en vue de la décomposition d'un tout complexe en ses parties ou éléments nettement définis.

VI. Conjonction négative qui, tout en joignant les termes, disjoint les idées dans une énumération.

VII. Propositions ou théories particulières que l'on tient pour vraies, et que l'on s'engage à défendre par des arguments.

VIII.	Névrose obsessionnelle. – Avoir une réalité.

IX.	Appétence, tendance particulière vers un objet connu ou imaginé que l'on aimerait posséder et qui, pour cela, est posé comme un vide à combler.

X.	Qui ont fait l'objet de lecture. – Buts, termes qui marquent la cessation d'un phénomène.

GRILLE 26

GRILLE 27

❯ Horizontalement

1. Caractère d'un signe linguistique qui possède ou s'emploie avec plusieurs sens.

2. Perçu par la vue.

3. Doctrine philosophique d'après laquelle, toutes les connaissances de l'esprit ne sont que le fruit de l'expérience.

4. Déplacé.

5. Qui relève de l'utopie ou en a le caractère.

6. Anglicisme pour traduire un état de détresse et solliciter de l'aide.

7. Dans la dialectique énoncée par Hegel, celui qui a pouvoir et autorité sur quelqu'un d'autre, considéré comme esclave, pour se faire servir par ce dernier.

8. Désir de jouir d'un avantage, d'un plaisir égal à celui d'autrui.

9. Personnes sous le coup de l'émotion.

10. Terme pour designer la philosophie scolastique du Moyen-âge (désigne aussi tout établissement d'enseignement). – Conjonction négative qui, tout en joignant les termes, disjoint les idées, dans une énumération.

❯ Verticalement

I. Dans la logique formelle, les deux propositions placées normalement, au début d'un raisonnement.

III. Faute, erreur que l'on commet de façon involontaire en parlant ou en écrivant. – Espace de temps compris entre la naissance et la mort des êtres organisés, où ils remplissent des fonctions selon leurs règnes et leurs espèces.

V. Type d'homme fait pour régner, dont parle et rêve Nietzsche, au-delà de l'humanité décadente et endormie.

VI. Esprit logique.

VII. Ensemble des connaissances, des pratiques et des croyances ferventes, se donnant pour objet, une union intime de l'homme et du principe divin.

IX. Compagne d'Adam, selon le récit biblique de la Genèse. – Nulle chose, néant.

X. Adjectif indéfini ou adverbe, marquant l'identité absolue, la similitude, la simultanéité ou l'insistance. – Conjonction traduisant une donnée hypothétique qui correspond soit, à une condition, soit à une supposition, soit à une éventualité.

GRILLE 27

GRILLE 28

➤ Horizontalement

1. Reproduction mentale d'une perception ou impression antérieure, en l'absence de l'objet qui lui a donné naissance. – Ce qui est.

3. Qui existe sans se manifester et est donc sans effet actuel.

4. Logique et vérité.

5. Philosophe et moraliste Grec qui vécut de 341 à 270 avant Jésus-Christ et qui fit du plaisir, le centre de sa doctrine, tout en donnant des conseils pour vivre de manière modérée et agréable.

7. Étude des significations de tout système de communication, en particulier, d'une langue naturelle.

9. Pronom personnel indéfini désignant les hommes en général et finalement, personne en particulier.

10. Qui sont dans le lieu, le groupe, l'instant actuel dont on parle, au moment où on en parle.

➤ Verticalement

I. État de conscience plus affectif qu'intellectuel, que l'on ressent comme influence de la part d'un objet, d'une personne, d'une situation.

III. Croyance religieuse selon laquelle, tous les êtres de la nature sont animés par l'âme, l'esprit.

VI. Dans la théorie psychanalytique des trois instances du psychisme humain, pôle formé par l'ensemble des pulsions, des tendances primitives, inconscientes et refoulées.

VII. Qui concerne la noèse.

IX. Qui est présent ou présente à l'esprit et constitue la matière de la connaissance, à titre de contenu positif, ou de donnée empirique.

X. En économie politique, qualités d'une chose, fondées sur son utilité objective ou subjective et sur le rapport de l'offre et de la demande.

GRILLE 29

› Horizontalement

1. Façons d'agir ou de se comporter plus ou moins constantes et régulières, dues à la répétition de mêmes expériences.

3. Qui est dépourvu de tout caractère exceptionnel et qui sert de modèle, de règle, de point de comparaison.

4. Disposition juridique prise par le pouvoir législatif et appuyée par l'autorité publique, comme obligatoire pour chaque citoyen.

5. Qui est énoncée de vive voix. – Dans l'antiquité grecque, fédération autonome de tribus groupées sous des institutions religieuses et politiques communes.

7. Pays présenté comme point d'origine spatio-temporel de la philosophie.

8. Cessation volontaire et collective du travail, décidée par des salariés, à titre de protestation, pour leurs avantages matériels ou moraux jugés comme spoliés.

9. Pronom personnel indéfini désignant les personnes en général, dont Heidegger dit qu'il est l'expression de l'existence inauthentique.

10. Acquisition de l'esprit résultant à la fois, de l'usage du temps et de l'exercice permanent de nos facultés, au contact de la réalité, de la vie.

› Verticalement

I. Partie de la métaphysique qui, selon Aristote, s'applique à « l'être en tant qu'être », indépendamment de ses déterminations particulières.

III. Aimable, convenable, plaisant.

IV. Ensemble des phénomènes de croissance, de métabolisme, de reproduction, que présentent tous les organismes animaux, végétaux ou minéraux, durant un espace de temps, compris entre leur naissance et leur mort.

V. Reproductions mentales de perceptions ou impressions antérieures, en l'absence des objets qui leur avaient donné naissance ou par reflets physiques de ces objets.

VII. Suite de phénomènes psychiques qui se produisent chez l'individu, durant le sommeil, sous forme de représentations diverses (images, sons, couleurs, goûts, ...).

VIII. Coexistence de deux éléments de nature différente, dont parle par exemple, Descartes, chez l'homme.

IX. Organisation traditionnelle. – En psychologie, situation extrême et difficile, qui provoque chez l'individu, un ébranlement, un conflit interne, une émotion vive.

X. Groupe social humain, limité dans le temps et dans l'espace, organisé, le plus souvent établi en institutions et garanti par les règles de vie qui régissent les sanctions. – Qui a fait l'objet de naissance.

GRILLE 29

	I	II	III	IV	V	VI	VII	VIII	IX	X
1										
2										
3										
4										
5										
6										
7										
8										
9										
10										

GRILLE 30

➤ Horizontalement

1. Relatifs aux discours, aux séries de raisonnements successifs par lesquels on tire une proposition d'une autre.

3. Philosophe Italien de la Renaissance, auteur de l'ouvrage « Le prince », où il développa un réalisme politique.

5. Représenté sous un aspect idéal.

7. Manière dont une chose s'est formée, son origine. – Savoir-faire renforcé par l'habileté, les aptitudes naturelles, par lequel l'on obtient quelque résultat, expression d'un idéal de beauté.

8. Idéologie répressive.

9. Disposition à rapporter tout à soi, qui fait que l'on subordonne l'intérêt d'autrui à son propre intérêt. – Pronom personnel indéfini, désignant les hommes en général et finalement, personne en particulier.

10. Qui est mise en commun avec une autre chose, de manière à former un tout.

➤ Verticalement

I. Politique par laquelle on flatte, on excite les passions de la multitude, pour gagner et exploiter sa faveur.

II. Mot latin qui s'emploie pour annoncer la conclusion d'un raisonnement et que l'on retrouve dans la célèbre formule du «cogito» de Descartes.

III. Action de sucer, qui caractérise particulièrement, l'activité de l'enfant, au premier stade de la libido.

IV. Idéologie Allemande.

V. L'ensemble de tout ce qui existe, considéré comme la totalité des choses créées.

VII. Chose, situation, personne sans aucune valeur, sans dignité ou sans honneur. – Activité physique ou mentale, destinée au divertissement, à l'amusement, au plaisir et généralement fondée sur un système de règles définissant un succès, un échec, un gain, mais, selon des buts fictifs.

VIII. Suffixe servant à former des substantifs pour désigner une qualité, un état, une situation, un fait.

IX. En psychanalyse, instance du psychisme qui se présente comme l'expression de la censure sociale, de la morale du groupe, formée par la figure parentale et fonctionnant comme un groupe de motivation et d'actions, en vue de défendre le Moi contre les pulsions.

X. Conjonction traduisant une donnée hypothétique, qui correspond soit à une éventualité, soit à une supposition. – Pronom personnel de la première personne du singulier des deux genres, par lequel l'individu se sent exister comme conscience, en décrivant ses actes, ses états. – Qui a fait l'objet de naissance.

GRILLE 30

	I	II	III	IV	V	VI	VII	VIII	IX	X
1										
2										
3										
4										
5										
6										
7										
8										
9										
10										

SOLUTIONS

	I	II	III	IV	V	VI	VII	VIII	IX	X
1	P	E	N	S	E	E	S	■	■	P
2	R	■	E	■	■	R	■	D	U	A
3	O	R	A	C	L	E	■	I	■	S
4	L	■	N	■	O	■	S	E	N	S
5	E	■	T	O	I	■	O	U	■	I
6	T	■	■	S	■	■	I	■	■	O
7	A	B	R	E	A	C	T	I	O	N
8	I	■	E	■	C	■	■	■	N	■
9	R	■	V	■	T	■	■	■	T	■
10	E	R	E	■	E	S	P	R	I	T

GRILLE 2

	I	II	III	IV	V	VI	VII	VIII	IX	X
1	G	U	E	R	R	E	■	V	I	E
2	A	■	L	■	E	■	E	■	E	N
3	I	D	E	N	T	I	T	E	■	C
4	S	■	M	■	R	■	A	C	T	E
5	A	M	E	■	O	I	T	■	■	N
6	V	■	N	■	A	■	■	N	E	S
7	O	■	T	E	C	H	N	E	■	■
8	I	■	S	O	T	■	R	A	C	E
9	R	E	■	■	I	A	■	N	■	X
10	■	■	E	N	F	A	N	T	S	■

GRILLE 3

	I	II	III	IV	V	VI	VII	VIII	IX	X
1	D	A	S	E	I	N		F	O	I
2	E		E		L		A			
3	F	I	N	A	L	I	S	M	E	
4	I		T		U		C	U	R	E
5	N		I	S	S	U	E		O	
6	I	O	M		I		S	A	G	E
7	T		E	L	O	G	E		E	N
8	I		N		N		S	E	N	S
9	O	P	T	E				N	E	O
10	N		S	A	V	A	N	T		I

	I	II	III	IV	V	VI	VII	VIII	IX	X
1	P	R	O	L	E	T	A	I	R	E
2	A	■	N	■	G	■	■	■	■	N
3	R	A	T	I	O	N	N	E	L	S
4	T	■	O	■	■	E	■	■	■	E
5	I	L	L	U	S	I	O	N	■	M
6	■	■	O	■	E	■	I	■	H	B
7	J	■	G	E	N	E	S	E	■	L
8	O	U	I	■	T	■	I	S	M	E
9	I	■	E	■	I	E	V	■	■	■
10	E	S	■	O	R	■	E	M	U	E

	I	II	III	IV	V	VI	VII	VIII	IX	X
1	E	■	J	■	O	E	■	M	A	C
2	X	■	A	U	T	R	U	I	■	U
3	P	■	S	■	E	■	■	R	■	L
4	E	M	P	I	R	E	■	A	R	T
5	R	■	E	■	■	G	■	C	■	E
6	I	R	R	I	T	A	B	L	E	S
7	E	■	S	N	■	L	■	E	T	■
8	N	E	■	P	A	I	X	■	A	■
9	C	■	O	U	■	T	R	A	N	S
10	E	■	E	T	R	E	■	■	T	■

GRILLE 6

	I	II	III	IV	V	VI	VII	VIII	IX	X
1	P	O	L	I	T	I	Q	U	E	
2	E		E		H		U		N	
3	U	N	I	T	E		I		N	I
4	R		B		O	R	D	R	E	
5			N		L				M	D
6	S		I	D	O	L	E		I	E
7	I		Z		G		C	O		V
8	G				I		O	N	T	O
9	N	O	R	M	E		L		O	I
10	E	T	R	E		D	E	S	I	R

GRILLE 7

	I	II	III	IV	V	VI	VII	VIII	IX	X
1	S	A	C	R	I	F	I	C	E	S
2	E	■	I	■		E	N	■	■	U
3	C	I	T	O	Y	E	N	N	E	S
4	T	■	A	■	■	■	E	■	■	P
5	E	N	T	R	O	P	I	E	■	E
6	■	■	I	■	N	■	S	■	O	N
7	V	I	O	L	■	■	M	A	R	S
8	I	■	N	O	R	M	E	■	■	I
9	C	O	■	■	■	O	■	S	■	O
10	E	■	S	T	O	I	C	I	E	N

	I	II	III	IV	V	VI	VII	VIII	IX	X
1	D	O	G	M	E	■	G	R	E	C
2	I	■	E	S	■	U	■	I	■	R
3	S	O	N	■	■	N	■	E	G	O
4	C	R	E	A	T	I	O	N	■	Y
5	O	■	A	■	■	V	■	■	Ç	A
6	U	■	L	A	T	E	N	T	■	N
7	R	■	O	■	■	R	■	H	I	C
8	S	I	G	N	E	S	■	E	■	E
9	■	■	I	O	N	■	N	O	U	S
10	A	V	E	N	I	R	■	S	■	■

GRILLE 9

	I	II	III	IV	V	VI	VII	VIII	IX	X
1		O	B	S	E	S	S	I	O	N
2		P		O		U				A
3		I		C		R	O	I		T
4	I	N	T	R	O	V	E	R	T	I
5		I		A		I				V
6		O		T	H	E	O	R	I	E
7	U	N	I	E			R			S
8						K	A	N	T	
9				S		L			M	
10	O	E	D	I	P	E		P	S	I

GRILLE 10

	I	II	III	IV	V	VI	VII	VIII	IX	X
1	R	E	L	I	G	I	O	N		G
2	E		Y		U		B			R
3	P	A	C	T	E		J	O	I	E
4	U		E		R		E			C
5	B		E	C	R	I	T	U	R	E
6	L				E				E	
7	I	D	E	E		R	O	I		G
8	Q		C		S	I		N	E	O
9	U		H		O	T		N		U
10	E	T	O	N	N	E	M	E	N	T

GRILLE 11

	I	II	III	IV	V	VI	VII	VIII	IX	X
1	R	E	L	A	T	I	V	I	T	E
2	E	■	A	■	H	■	I	■	R	■
3	P	E	N	S	E	S	S	■	O	N
4	U	■	G	■	S	■	U	■	U	■
5	B	L	A	M	E	■	E	■	V	■
6	L	■	G	■	S	A	L	U	E	R
7	I	D	E	E	■	■	L	I	R	E
8	Q	■	■	■	V	■	E	N	■	G
9	U	T	O	P	I	E	S	■	■	N
10	E	■	N	■	E	■	■	I	T	E

GRILLE 12

	I	II	III	IV	V	VI	VII	VIII	IX	X	XI
1	P	R	O	P	R	E		P	O	S	T
2	R	O	I		A			R			H
3	E		S		I	N	C	E	S	T	E
4	J	O	I	E	S			S			M
5	U		V		O	P	I	U	M		A
6	G	O	E		N			P			T
7	E		T	U		E	M	P	L	O	I
8	S	U	E		N			O	O		Q
9				S	E			S	I		U
10	U	N	I	F	O	R	M	E		M	E

	I	II	III	IV	V	VI	VII	VIII	IX	X	XI
1	D	I	A	L	O	G	U	E	S		C
2	O		G		P		S		O		I
3	U	T	O	P	I	E		J	U	N	G
4	T		R		N		T		P		U
5	E	G	A	L	I	T	E		Ç		E
6			P		O		R		O	N	
7		P	H	E	N	O	M	E	N	E	S
8	L		O				E	N			A
9	E		B	I	E	N	S		T	I	C
10	G	A	I		S	E					R
11	S	C	E	P	T	I	C	I	S	M	E

GRILLE14

	I	II	III	IV	V	VI	VII	VIII	IX	X
1	M	A	I	E	U	T	I	Q	U	E
2	A	I	R	■	■	U	■	■	■	N
3	R	■	O	■	A	■	H	■	V	■
4	X	■	N	O	U	M	E	N	E	■
5	■	N	I	■	T	■	G	■	R	E
6	■	■	E	■	R	■	E	M	I	S
7	■	D	■	■	U	■	L	■	T	■
8	S	O	P	H	I	A	■	F	E	S
9	■	X	■	■	■	■	■	■	■	O
10	P	A	S	S	I	O	N	S	■	I

	I	II	III	IV	V	VI	VII	VIII	IX	X
1	S	U	B	S	T	A	N	C	E	
2	C		E		R		O		P	
3	E	N	S	O	I		N	A	I	F
4	P		O		A		S	O	S	
5	T		I	N	N	E	E		T	U
6	I	O	N		G		N	I	E	
7	Q		S		L	A	S		M	
8	U	N		N	E			J	E	U
9	E			O			S			S
10	S	Y	M	B	O	L	I	Q	U	E

GRILLE 16

	I	II	III	IV	V	VI	VII	VIII	IX	X
1	H	E	I	D	E	G	G	E	R	■
2	U	■	D	■	N	E	■	N	E	S
3	M	■	O	R	D	R	E	■	G	O
4	A	■	L	■	O	E	■	■	L	I
5	N	I	E	■	P	R	O	J	E	T
6	I	■	S	■	H	■	■	O	■	■
7	S	■	■	■	A	C	T	I	O	N
8	M	E	M	E	S	■	■	E	B	■
9	E	■	E	■	I	■	■	■	E	■
10	■	C	A	T	E	G	O	R	I	E

GRILLE 17

	I	II	III	IV	V	VI	VII	VIII	IX	X
1	T	E	S	T		A	U	T	R	E
2	E		C		P					C
3	L	O	I		E	R	R	E	U	R
4	E	N	E	R	G	I	E			I
5	O		N			O	M	A		T
6	N		C	H	A	R	I	T	E	
7	O		E		M	I		H		P
8	M	A	S	S	E		B	E	A	U
9	I			O		J		E		R
10	E	G	L	I	S	E		S	U	E

	I	II	III	IV	V	VI	VII	VIII	IX	X
1	P	U	L	S	I	O	N	S	■	I
2	U	■	■	I	■	■	■	■	O	N
3	B	■	L	■	A	C	T	E	■	A
4	E	R	O	S	■	O	■	■	O	V
5	R	■	I	■	E	M	U	S	■	O
6	T	■	■	Ç	■	P	R	E	V	U
7	E	■	■	A	■	L	■	X	■	A
8	■	S	■	■	R	E	V	E	■	B
9	M	O	I	■	■	X	■	■	■	L
10	■	I	■	F	R	E	U	D	■	E

	I	II	III	IV	V	VI	VII	VIII	IX	X
1	D	E	S	C	A	R	T	E	S	■
2	U	■	Y	■	■	O	■	■	■	E
3	■	■	S	■	C	U	L	T	E	S
4	A	C	T	E	■	S	■	H	■	P
5	T	■	E	■	E	S	P	E	R	E
6	H	U	M	E	■	E	■	S	■	R
7	E	■	E	S	P	A	C	E	■	A
8	N	B	■	S	■	U	■	S	■	N
9	E	■	■	A	■	■	J	■	P	C
10	S	O	C	I	E	T	E	S	■	E

GRILLE 20

	I	II	III	IV	V	VI	VII	VIII	IX	X
1	A	L	E	A	T	O	I	R	E	■
2	N	■	S	■	H	■	■	O	■	O
3	I	M	P	R	E	S	S	I	O	N
4	M	■	A	■	O	■	E	S	■	■
5	I	■	C	O	R	A	N	■	M	D
6	S	C	E	N	E	■	S	I	■	E
7	M	■	■	■	M	O	I	■	■	I
8	E	N	V	I	E	■	B	U	T	S
9	■	■	■	■	■	■	L	■	■	M
10	S	Y	S	I	P	H	E	■	D	E

	I	II	III	IV	V	VI	VII	VIII	IX	X
1	H	U	S	S	E	R	L	I	E	N
2	U		C	O			U		F	
3	M	A	I	T	R	E			F	
4	A		E		H		I	D	E	E
5	N	O	N	S	E	N	S		T	T
6	I		T		T			A		R
7	S	O	I		E		I	S	M	E
8	M		S	A	U	F		I		
9	E		M		R	E	G	L	E	S
10		J	E	U		U		E		I

	I	II	III	IV	V	VI	VII	VIII	IX	X
1	D	R	O	I	T	■	C	I	T	E
2	O	■	N	■	R	■	A	■	■	L
3	C	R	I	T	I	Q	U	E	■	O
4	T	■	R	■	L	■	S	■	■	G
5	R	■	I	D	O	L	A	T	R	E
6	I	■	Q	■	G	■	L	■	I	■
7	N	■	U	■	I	D	I	O	T	S
8	E	L	E	V	E	■	T	■	E	A
9	S	O	S	■	■	O	E	■	■	G
10	■	I	■	D	O	N	■	A	M	E

GRILLE 23

	I	II	III	IV	V	VI	VI	VIII	IX	X	XI
1	S	A	C	R	I	F	I	C	E	S	■
2	O	■	I	■	M	■	■	■	N	■	■
3	C	A	T	H	A	R	T	I	Q	U	E
4	I	■	A	■	G	■	O	■	U	■	M
5	A	■	T	R	I	N	I	T	E	■	P
6	L	O	I	■	N	■	■	■	T	■	L
7	■	■	O	■	A	■	R	■	E	G	O
8	P	U	N	I	T	I	O	N	S	■	Y
9	■	S	■	■	I	■	L	■	■	■	E
10	M	E	T	H	O	D	E	■	V	■	R
11	■	R	■	■	N	■	S	A	G	E	■

GRILLE 24

	I	II	III	IV	V	VI	VI	VIII	IX	X	XI
1	P	A	R	A	M	E	T	R	E	S	
2	O		A		O				S		A
3	S	O	P	H	I	S	M	E	S		R
4	I		P				O		E		C
5	T	R	O	M	P	E	R		N		H
6	I		R		A		A	R	C	H	E
7	V	O	T	E	S		L		E		T
8	I				S	O	I	T			Y
9	S	A	V	O	I	R	S		F		P
10	M		I		O		M	O	I	N	E
11	E	R	E		N	I	E		N	E	S

	I	II	III	IV	V	VI	VII	VIII	IX	X
1	C	A	P	I	T	A	L		I	S
2	O		E						R	
3	N	E	C	E	S	S	A	I	R	E
4	C		H		Y		N		E	
5	L	I	E	N	S		A	N	A	L
6	U				T	E	L		L	U
7	S	A	C	R	E		O	M	I	S
8	I		O		M	A	G	E	S	
9	O	R	D	R	E		I		M	S
10	N		E		S	C	E	N	E	

GRILLE 26

	I	II	III	IV	V	VI	VII	VIII	IX	X
1	R	E	■	C	■	N	■	N	U	L
2	E	■	C	O	G	I	T	O	■	U
3	F	E	E	■	■	■	H	■	D	S
4	L	A	N	G	A	G	E	■	E	■
5	E	■	S	■	N	■	S	Y	S	T
6	X	■	U	■	A	R	E	■	I	■
7	I	■	R	■	L	■	S	E	R	F
8	O	S	E	■	Y	■	■	T	■	I
9	N	■	■	E	S	■	■	R	■	N
10	■	L	A	T	E	N	C	E	■	S

	I	II	III	IV	V	VI	VII	VIII	IX	X
1	P	O	L	Y	S	E	M	I	E	
2	R		A		U		Y		V	U
3	E	M	P	I	R	I	S	M	E	
4	M		S		H		T	L		M
5	I		U	T	O	P	I	Q	U	E
6	S	O	S		M		C			M
7	S				M	A	I	T	R	E
8	E	N	V	I	E		S		I	
9	S		I			E	M	U	E	S
10			E	C	O	L	E		N	I

GRILLE 28

	I	II	III	IV	V	VI	VII	VIII	IX	X
1	I	M	A	G	E	■	E	T	R	E
2	M	■	N	■	■	Ç	■	■	E	■
3	P	U	I	S	S	A	N	C	E	■
4	R	■	M	■	■	■	O	■	L	V
5	E	P	I	C	U	R	E	■	■	A
6	S	■	S	■	■	■	T	■	■	L
7	S	E	M	A	N	T	I	Q	U	E
8	I	■	E	■	■	■	Q	■	■	U
9	O	N	■	■	■	■	U	■	■	R
10	N	■	P	R	E	S	E	N	T	S

	I	II	III	IV	V	VI	VII	VIII	IX	X
1	■	H	A	B	I	T	U	D	E	S
2	O	■	G	■	M	■	■	U	■	O
3	N	O	R	M	A	L	■	A	■	C
4	T	■	E	■	G	■	■	L	O	I
5	O	R	A	L	E	■	C	I	T	E
6	L	■	B	■	S	■	■	T	■	T
7	O	■	L	■	■	G	R	E	C	E
8	G	R	E	V	E	■	E	■	H	■
9	I	■	■	I	■	■	V	■	O	N
10	E	X	P	E	R	I	E	N	C	E

	I	II	III	IV	V	VI	VII	VIII	IX	X
1	D	I	S	C	U	R	S	I	F	S
2	E	■	U	■	N	■	■	T	■	I
3	M	A	C	H	I	A	V	E	L	■
4	A	■	C	■	V	■	I	■	■	J
5	G	■	I	D	E	A	L	I	S	E
6	O	■	O	■	R	■	E	■	U	■
7	G	E	N	E	S	E	■	A	R	T
8	I	R	■	■	■	■	J	■	M	■
9	E	G	O	I	S	M	E	■	O	N
10	■	O	■	A	■	■	U	N	I	E

TABLE DES MATIÈRES

Réalisation des maquettes : Guékourougo N. Koné

09 BP 3232 ABIDJAN 09
TEL : (+225) 07 57 44 99 00
Site : www.gnk-editions.com

ISBN papier : 978-238499-012-2

Imprimé en Côte d'Ivoire par **Impression**
gnk.impression@gmail.com/(+225) 07 57 44 99 00

Dépôt légal Juillet 2022

3^{e}Trimestre 2022